WITHDRAWN

Let's Go

A Book in Two Languages

Vamos

Un Libro en Dos Lenguas

Rebecca Emberley

Little, Brown and Company
BOSTON NEW YORK TORONTO LONDON

Other books by Rebecca Emberley

MY DAY/MI DIA

MY HOUSE/MI CASA

TAKING A WALK/CAMINANDO

CITY SOUNDS

JUNGLE SOUNDS

DRAWING WITH NUMBERS AND LETTERS

REBECCA EMBERLEY'S CUT-UPS: A BOOK TO CUT AND GLUE

Copyright © 1993 by Rebecca Emberley

First Edition

Spanish translations by Alicia Marquis

Library of Congress Cataloging-in-Publication Data

Emberley, Rebecca.
    Let's go : a book in two languages = Vamos : un libro en dos lenguas / Rebecca Emberley.
       p.   cm.
    Summary: Captioned illustrations and text in English and Spanish present scenes at such locations as an airport, a picnic, and a camping trip.
  ISBN 0-316-23454-0
  1. Picture dictionaries, Spanish. 2. Picture dictionaries, English. 3. Spanish language — Glossaries, vocabularies, etc. 4. English language — Glossaries, vocabularies. [1. Vocabulary. 2. Spanish language materials — Bilingual.] I. Title. II. Title: Vamos.
PC4629.E45   1993
463'.21 — dc20   92-37278

10 9 8 7 6 5 4 3 2

WOR

Published simultaneously in Canada by Little, Brown & Company (Canada) Limited

Printed in the United States of America

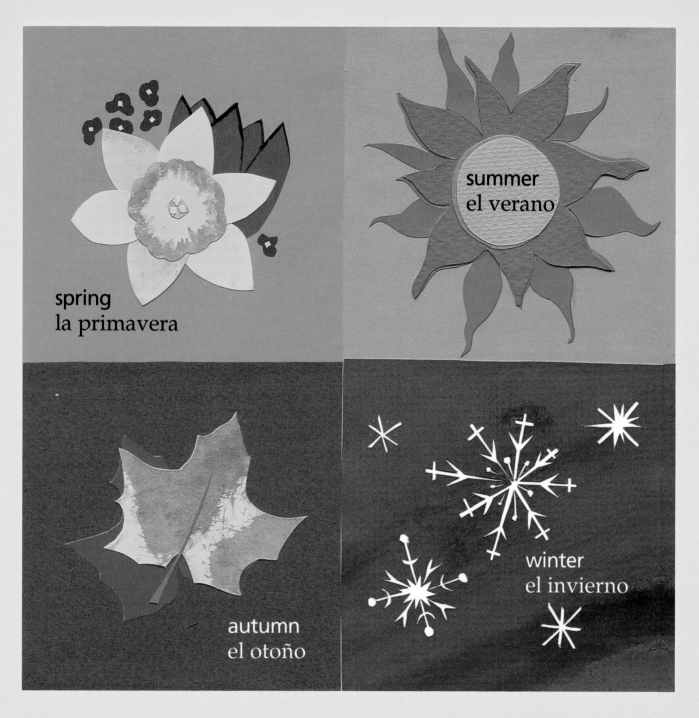

Here are the four seasons of the year to start us on our way! Let's go!
¡Aquí están las cuatro estaciones del año para empezar! ¡Vamos!

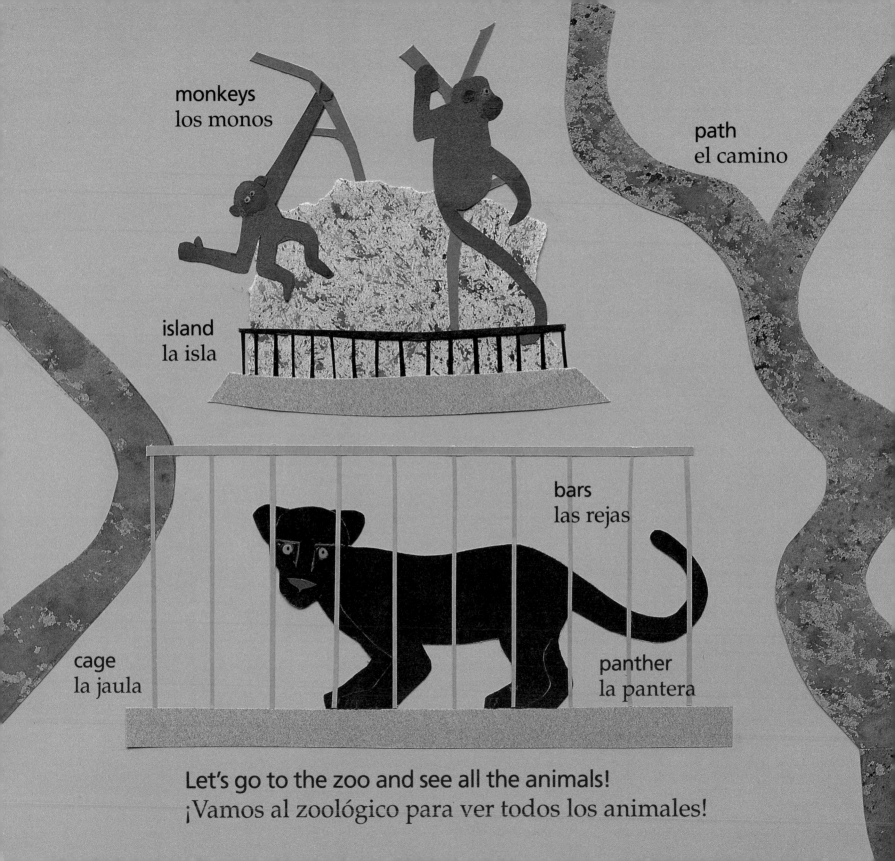

monkeys
los monos

path
el camino

island
la isla

bars
las rejas

cage
la jaula

panther
la pantera

Let's go to the zoo and see all the animals!
¡Vamos al zoológico para ver todos los animales!

panda
el oso panda

goat
la cabra

snake
la serpiente

lion
el león

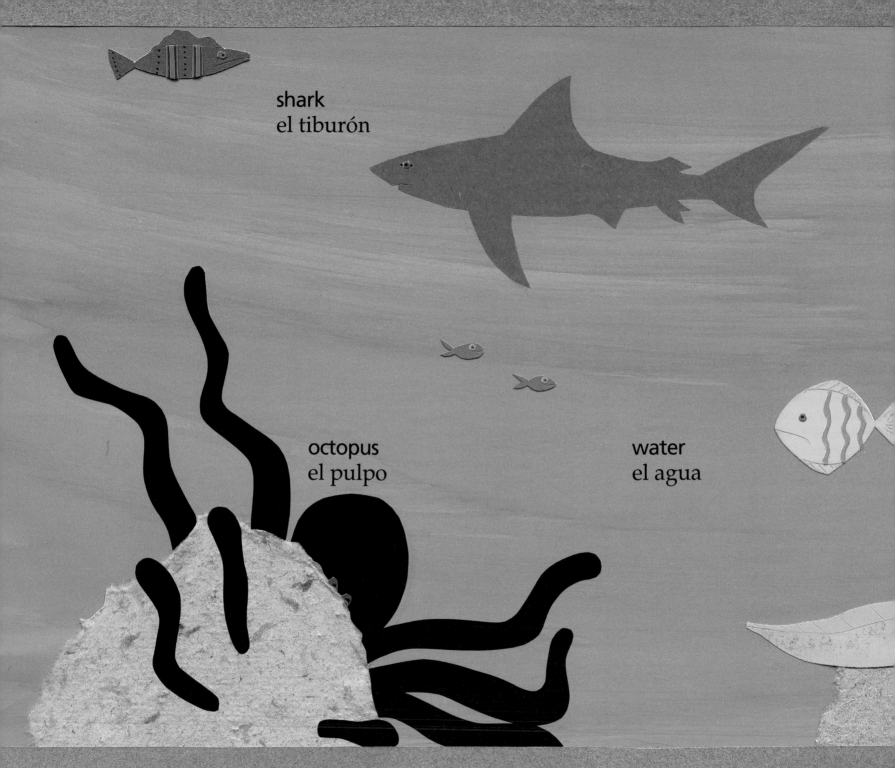

shark
el tiburón

octopus
el pulpo

water
el agua

Let's go to the aquarium and see all the fish!
¡Vamos al acuario para ver todos los peces!

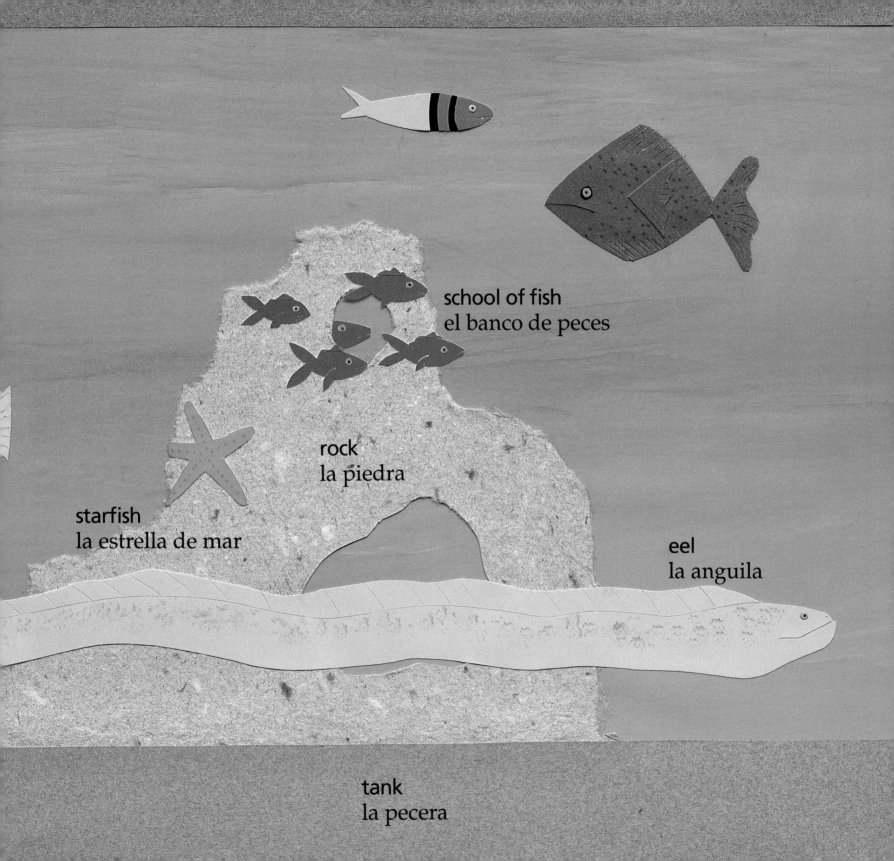

school of fish
el banco de peces

rock
la piedra

starfish
la estrella de mar

eel
la anguila

tank
la pecera

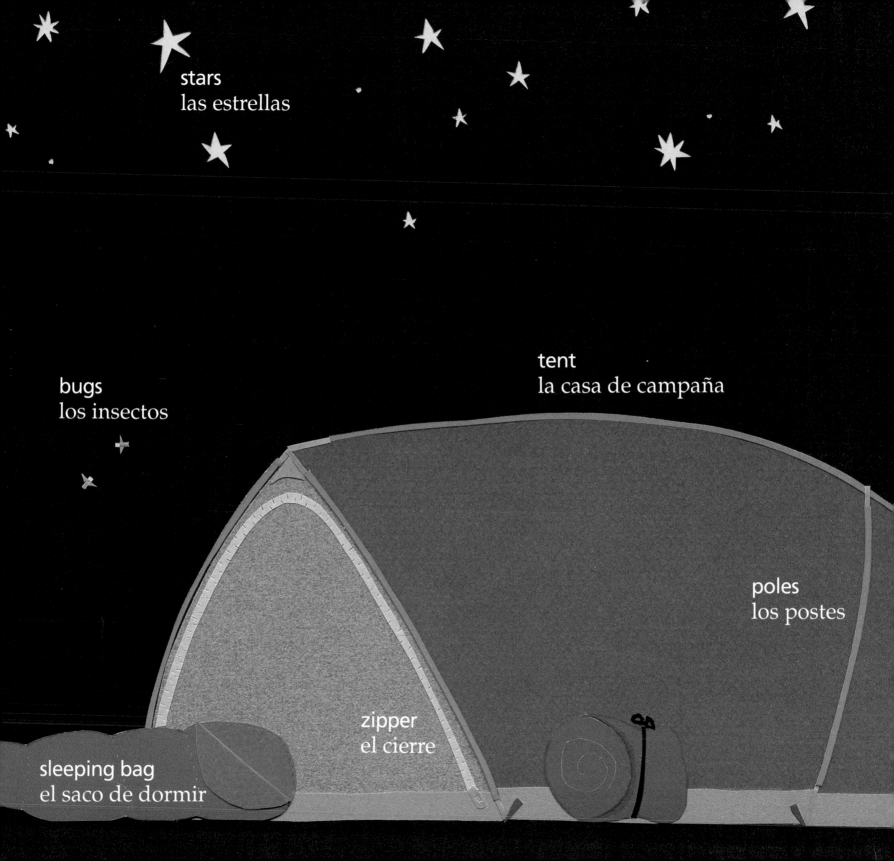

stars
las estrellas

bugs
los insectos

tent
la casa de campaña

poles
los postes

zipper
el cierre

sleeping bag
el saco de dormir

Let's go camping and sleep under the stars!
¡Vamos a acampar y durmamos debajo de las estrellas!

campsite
el campamento

camp fire
la hoguera de acampar

coffeepot
la olla de café

grill
la parrilla

stake
la estaca

umbrella
la sombrilla

cooler
la neverita

towel
la toalla

sunscreen lotion
el bronceador

beach chair
la silla de playa plegable

Let's go to the beach and play in the sand!
¡Vamos a la playa y juguemos en la arena!

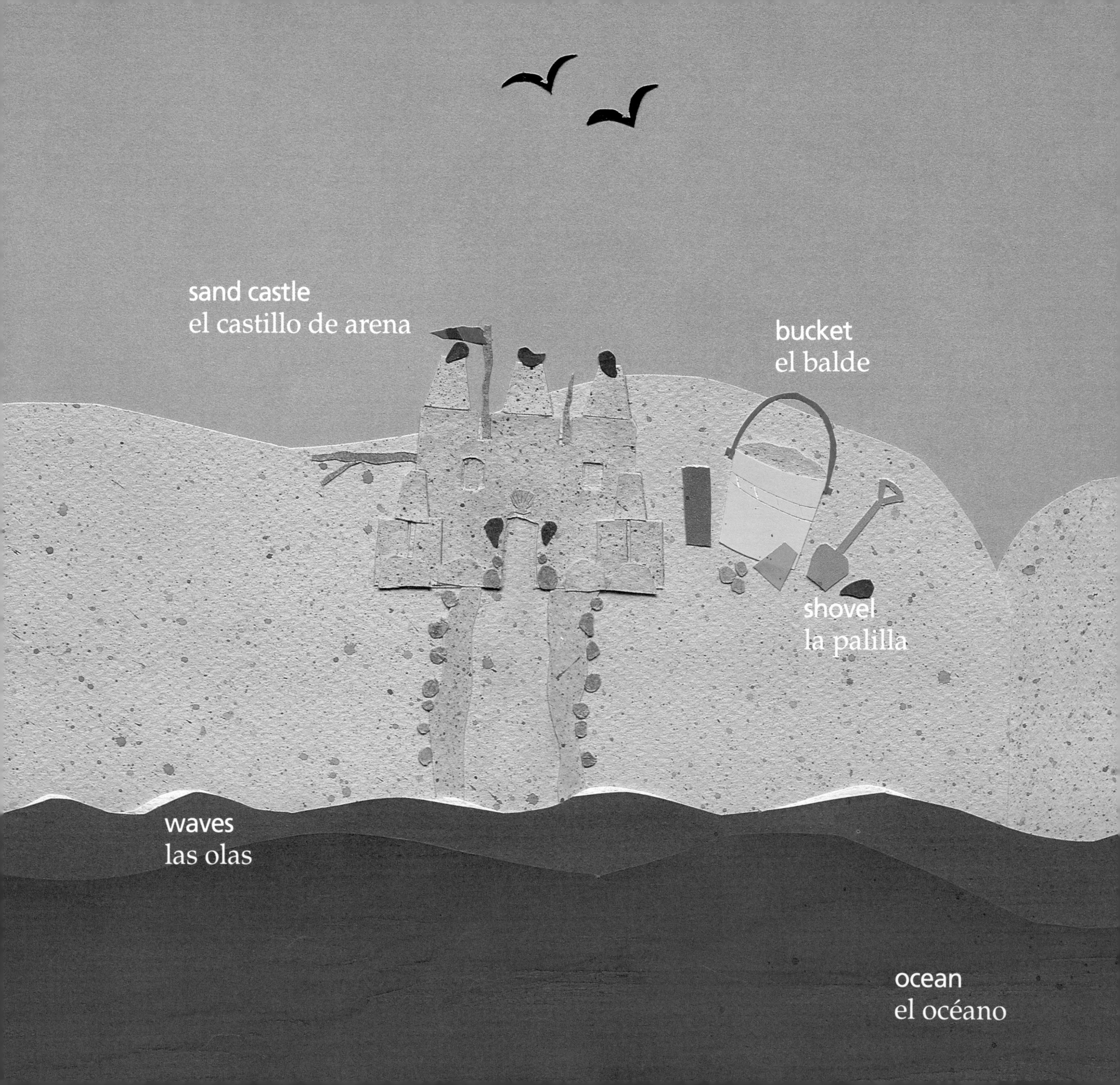

sand castle
el castillo de arena

bucket
el balde

shovel
la palilla

waves
las olas

ocean
el océano

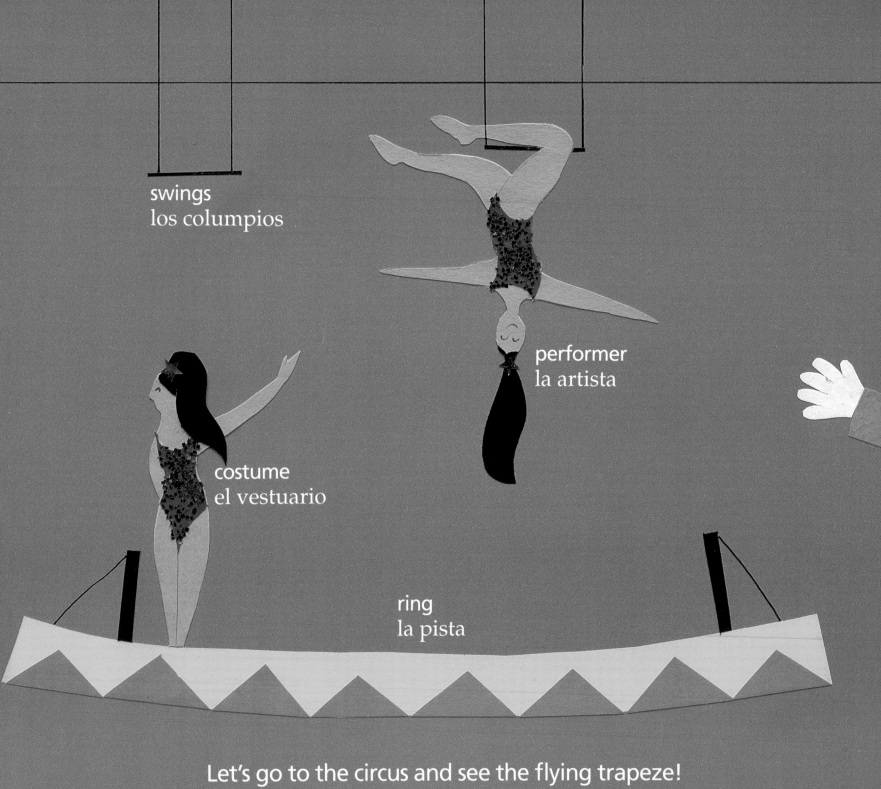

swings
los columpios

performer
la artista

costume
el vestuario

ring
la pista

Let's go to the circus and see the flying trapeze!
¡Vamos al circo para ver a los trapezistas!

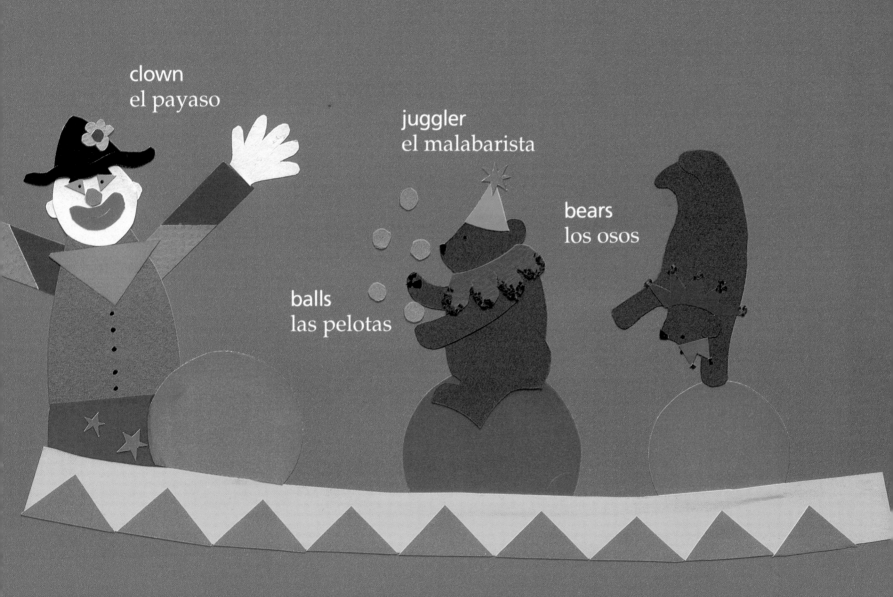

tightrope
la cuerda floja

clown
el payaso

juggler
el malabarista

bears
los osos

balls
las pelotas

gallery
la galería

canvas
el lienzo

landscape
el paisaje

sculpture
la escultura

Let's go to the museum and look at works of art!
¡Vamos al museo para ver las obras de arte!

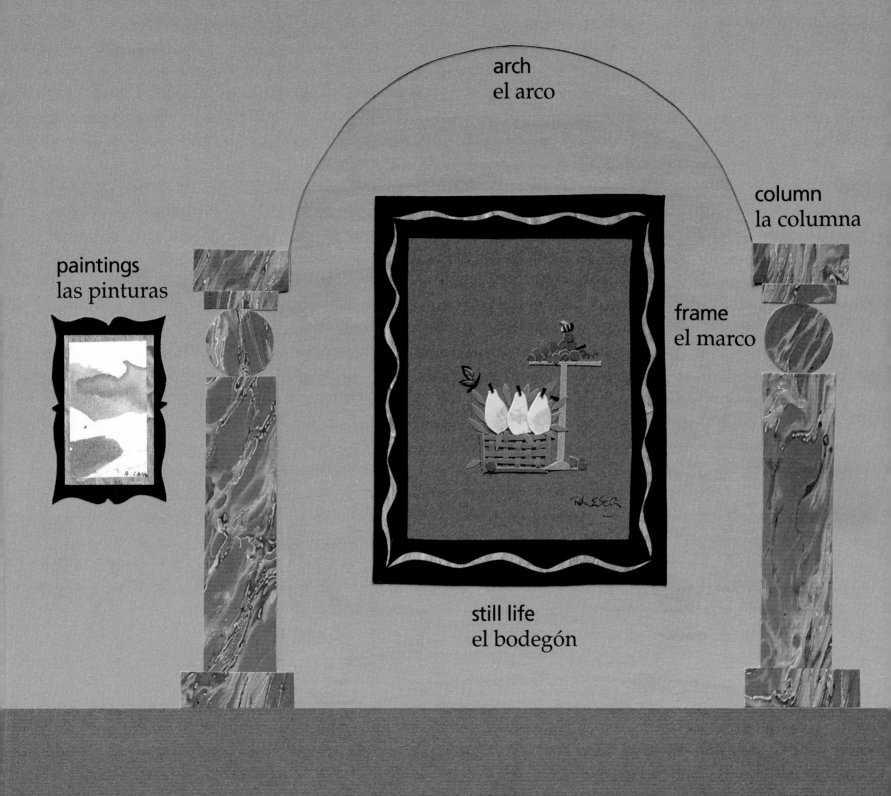

arch
el arco

column
la columna

paintings
las pinturas

frame
el marco

still life
el bodegón

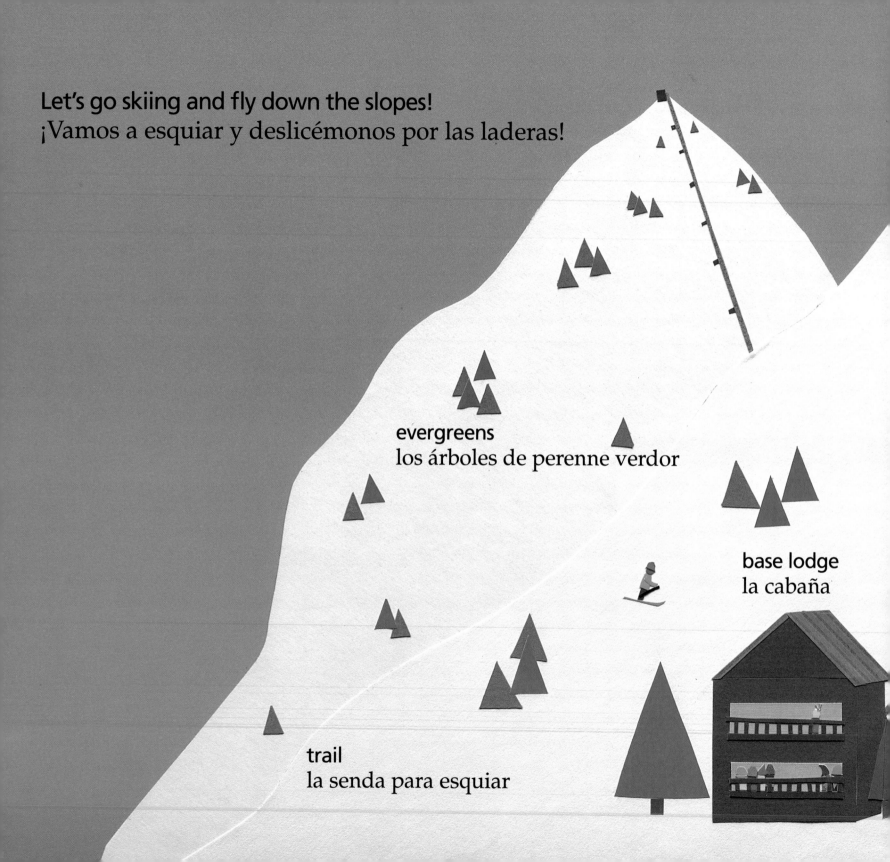

Let's go skiing and fly down the slopes!
¡Vamos a esquiar y deslicémonos por las laderas!

evergreens
los árboles de perenne verdor

base lodge
la cabaña

trail
la senda para esquiar

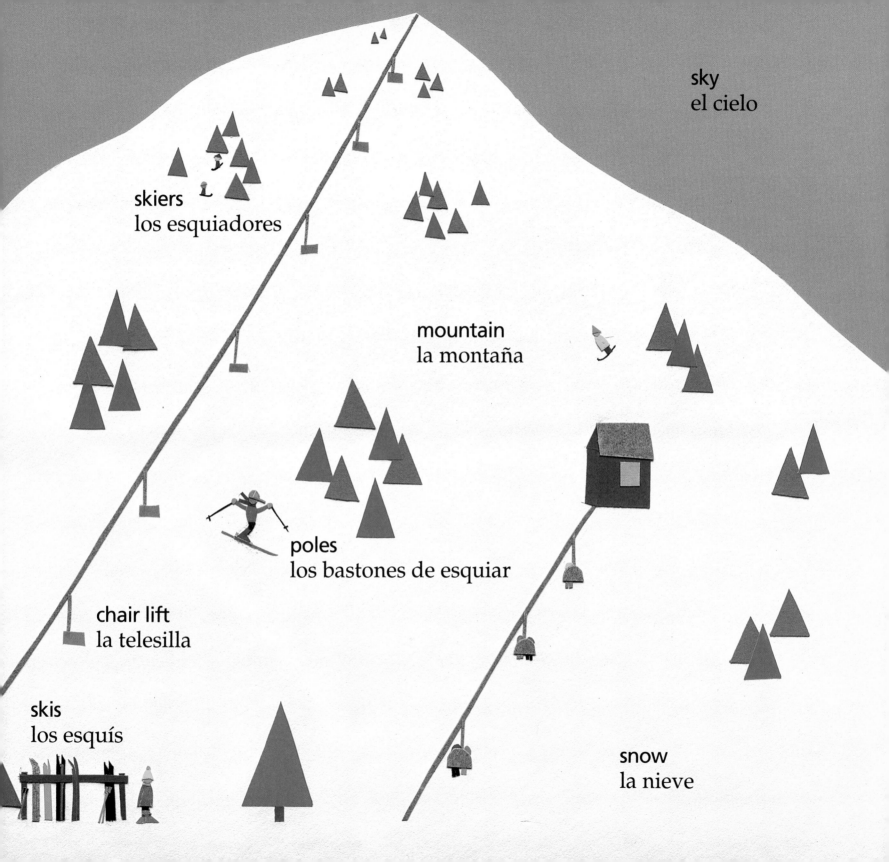

sky
el cielo

skiers
los esquiadores

mountain
la montaña

poles
los bastones de esquiar

chair lift
la telesilla

skis
los esquís

snow
la nieve

Let's go to the fair and ride the rides!
¡Vamos a la feria para montarnos en las atracciones!

merry-go-round
el carrusel

roller coaster
la montaña rusa

booths
los kioscos

games
los juegos

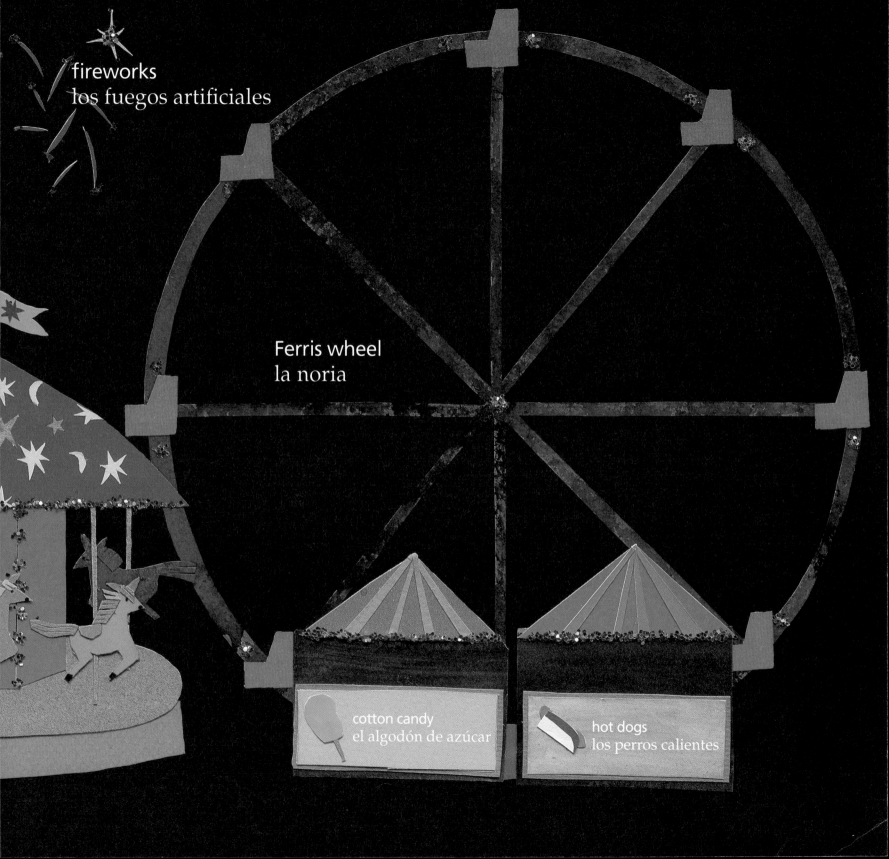

fireworks
los fuegos artificiales

Ferris wheel
la noria

cotton candy
el algodón de azúcar

hot dogs
los perros calientes

landing
el aterrizaje

tail
la cola

wing
el ala

luggage
el equipaje

luggage cart
el carro de equipaje

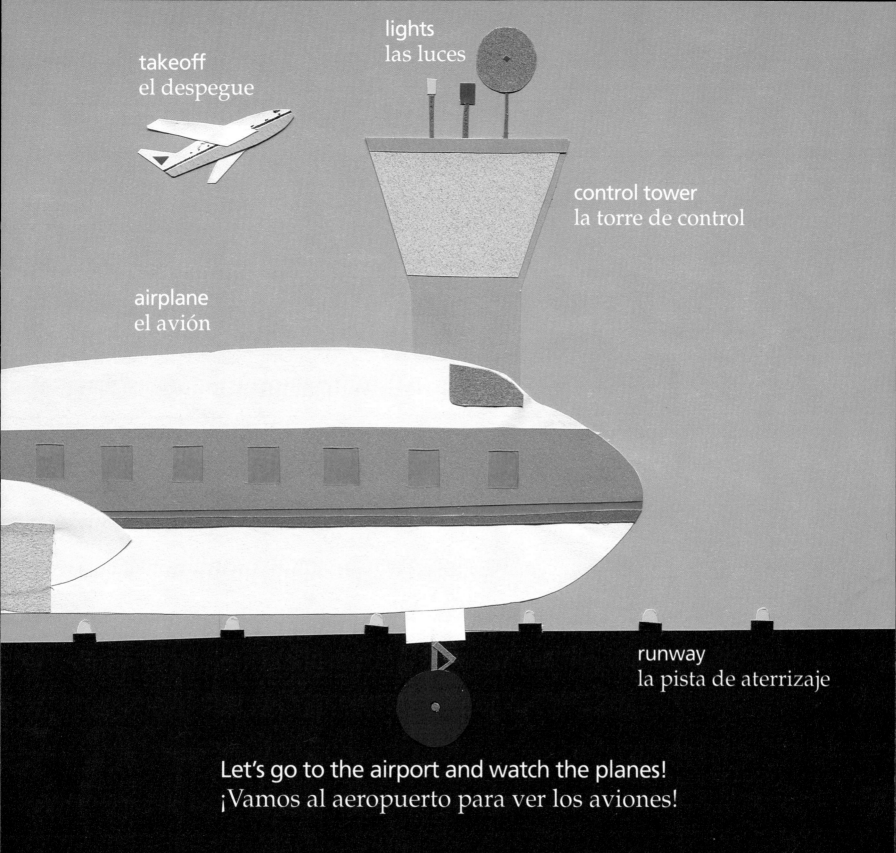

takeoff
el despegue

lights
las luces

control tower
la torre de control

airplane
el avión

runway
la pista de aterrizaje

Let's go to the airport and watch the planes!
¡Vamos al aeropuerto para ver los aviones!

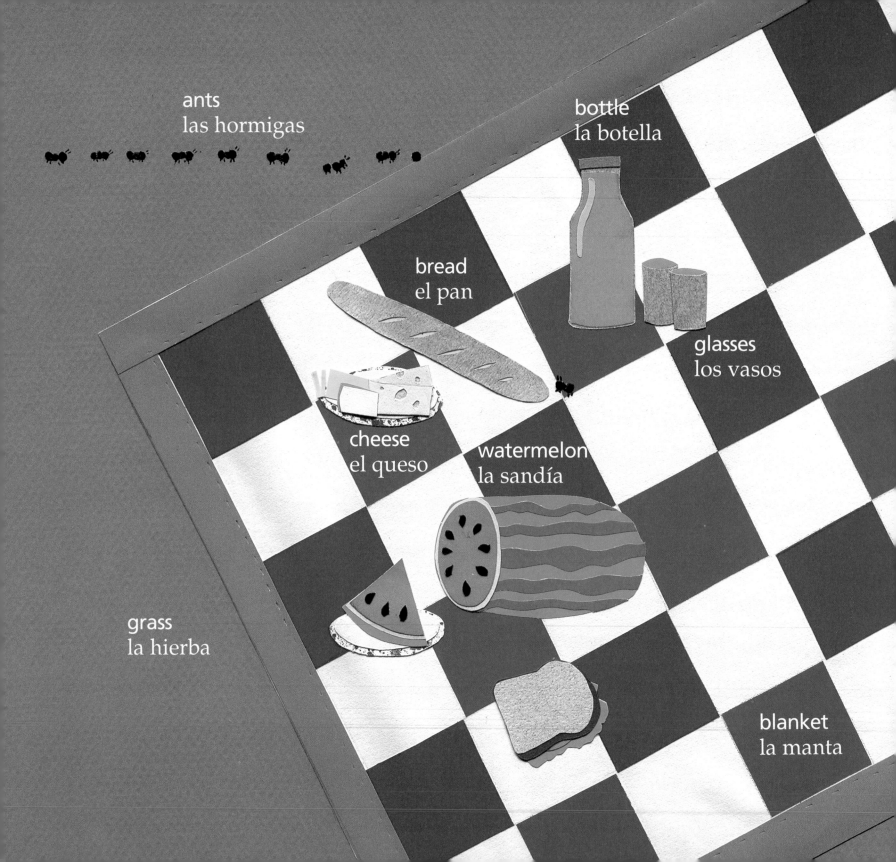

ants
las hormigas

bottle
la botella

bread
el pan

glasses
los vasos

cheese
el queso

watermelon
la sandía

grass
la hierba

blanket
la manta

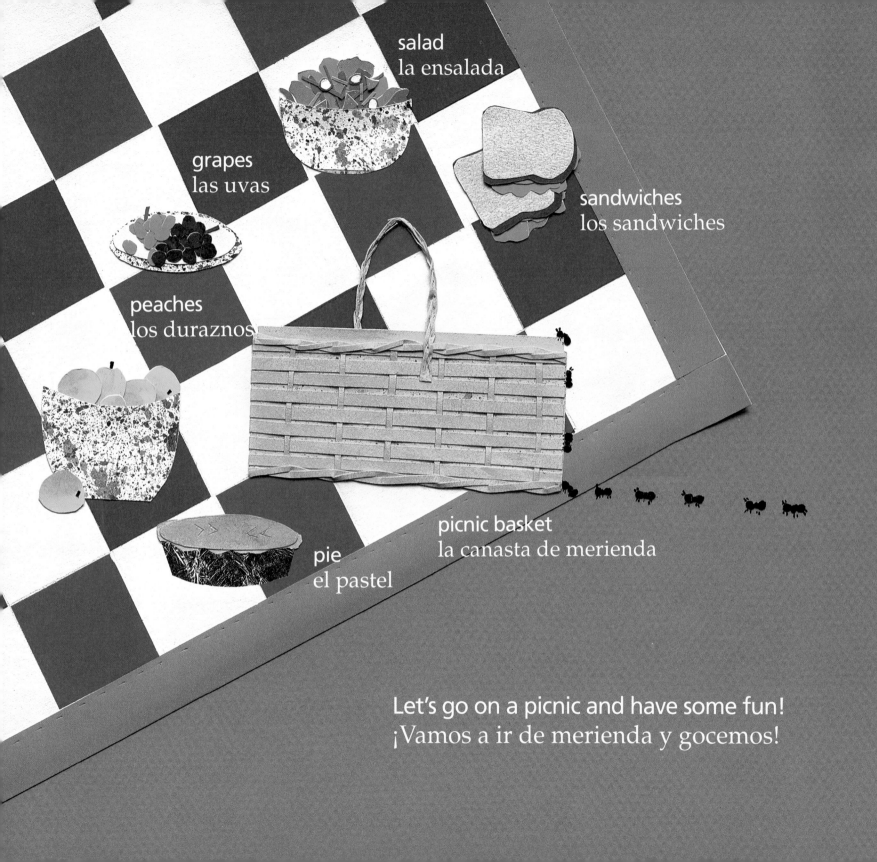

salad
la ensalada

grapes
las uvas

sandwiches
los sandwiches

peaches
los duraznos

picnic basket
la canasta de merienda

pie
el pastel

Let's go on a picnic and have some fun!
¡Vamos a ir de merienda y gocemos!

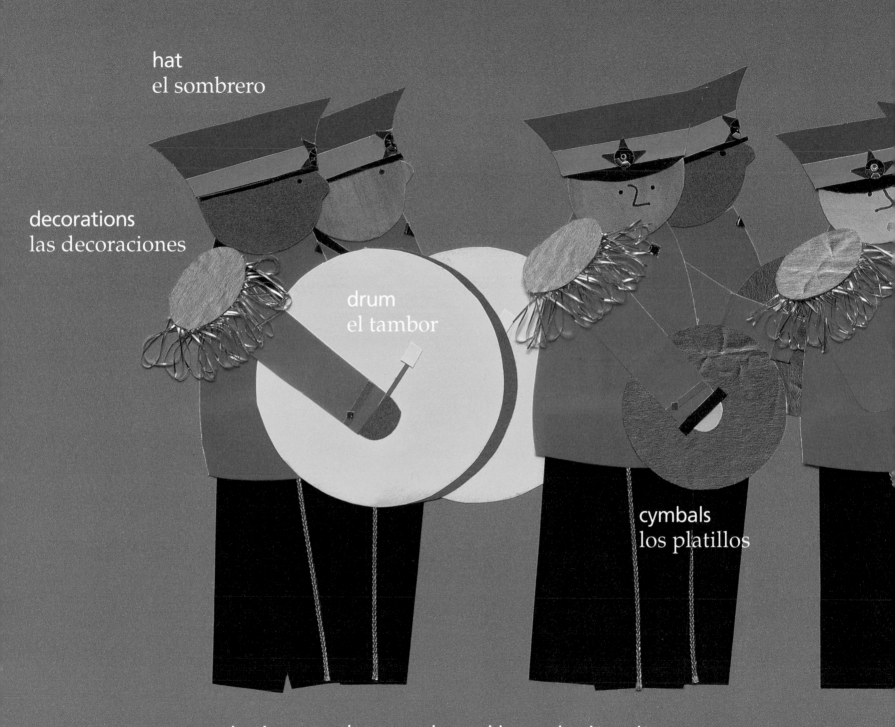

hat
el sombrero

decorations
las decoraciones

drum
el tambor

cymbals
los platillos

Let's go to the parade and hear the band!
¡Vamos al desfile y escuchemos la banda!

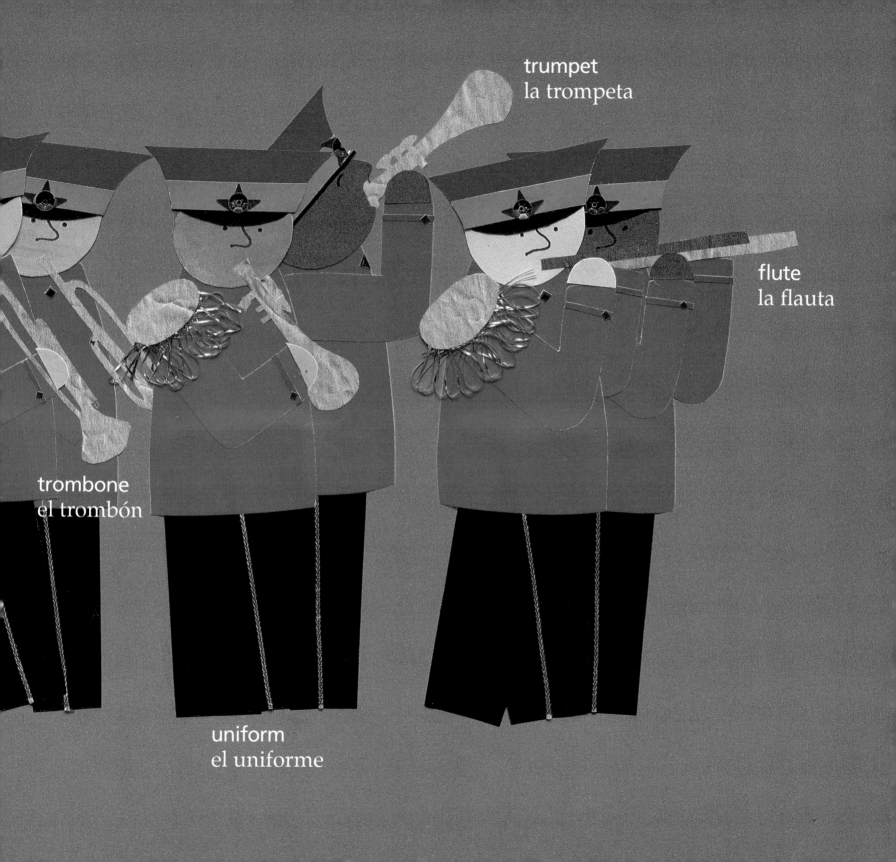

trumpet
la trompeta

flute
la flauta

trombone
el trombón

uniform
el uniforme

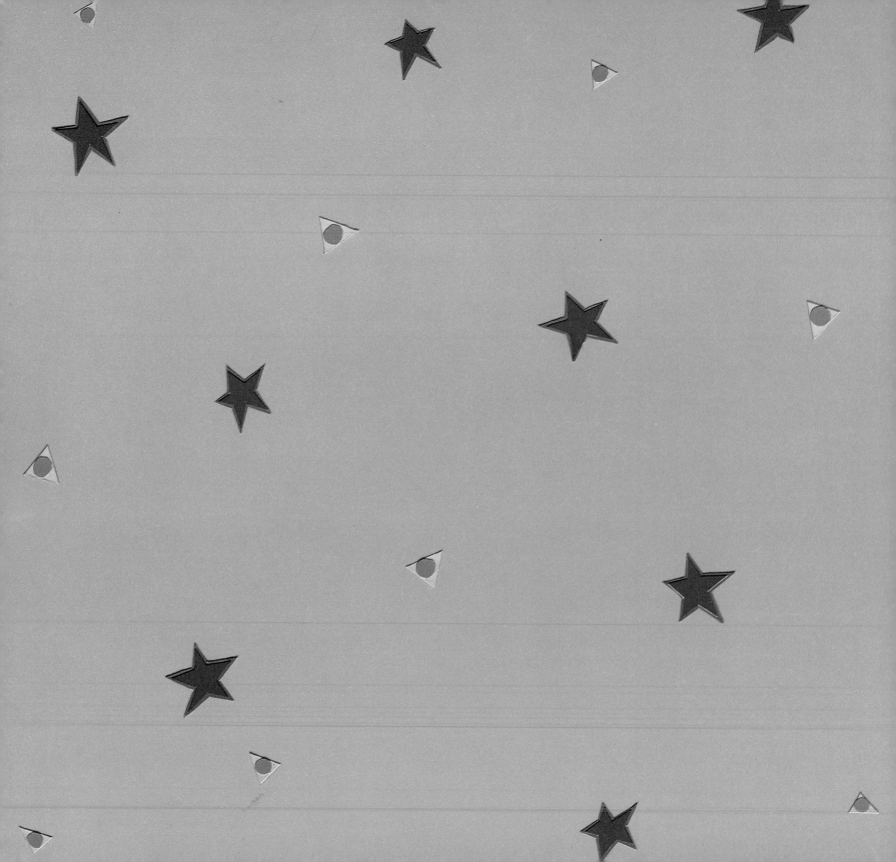